Wolfgang Lenz
Würzburg

Geleitwort

Das Werk des Würzburger Malers Wolfgang Lenz wird immer untrennbar mit seiner Geburts- und Heimatstadt verbunden sein, solange diese leidgeprüfte und doch so lebens- und liebenswerte Stadt bestehen bleibt. Seine Bilder sind nicht nur eine Hommage an das vergangene und gegenwärtige Würzburg, sondern sie reflektieren auch die überaus persönliche Auseinandersetzung des Malers mit den Veränderungen der Stadt bis zum heutigen Tag, in denen sogar Visionen eines Würzburg erscheinen, wenn es nach dem 2. Weltkrieg nicht wieder aufgebaut worden wäre.

Dokumentation, Poesie, Vision: all dies umfasst auch und vor allem die großartige Bildausstattung im Ratssaal der Stadt, mit der Wolfgang Lenz der Bürgerschaft wie dem Stadtrat nahezu täglich die Geschichte seiner Heimatstadt an dem Ort vor Augen führt, an welchem ihre Geschicke gelenkt oder entschieden werden. Ein solch machtvoller, im Detail akribischer, nie anklagender, aber entschieden Position beziehender Bildzyklus sucht im Europa der Nachkriegszeit seinesgleichen und hat für Würzburg eine Schlüsselfunktion im Werk des Künstlers und Visionärs Wolfgang Lenz inne.

Im Buch werden uns sicherlich weniger monumentale und dennoch ebenso treffende Bilder begegnen, welche die Liebe des Malers, seine Verbundenheit mit Stadt, Region und Land auf gleich gelungene Weise zum Ausdruck bringen.

Die Stadt Würzburg dankt ihrem Künstler und ehrt ihn und sein Werk durch die Ermöglichung einer Ausstellung in der ehemaligen Städtischen Galerie. Im vorliegenden Bildband wird die Bedeutung einer Beziehung zwischen Maler und Standort aufs Schönste dargelegt, und er dokumentiert den durch die Kunst überhöhten Ausdruck der starken Heimatverbundenheit von Wolfgang Lenz.

Dr. Pia Beckmann
Oberbürgermeisterin der Stadt Würzburg

Am 17. März 1925 in Würzburg geboren, verbrachte Wolfgang Lenz seine Jugendzeit in einem Haus „Am Pleidenturm" mit der freien Aussicht auf Main, St. Burkard und den Schlossberg aufwärts zur Festung Marienburg. Diesen Farbenakkord in den wechselnden Jahreszeiten, zu Kiliani erweitert durch die Buden und Geräte der Schausteller, behielt er im Gedächtnis. Schon versuchte er sich im Zeichnen, da wurde er zum Kriegseinsatz 1943 bis 1945 geholt. Aus der Gefangenschaft in die total ruinierte Stadt zurückgekehrt, wurde er Lehrling in einem Malereibetrieb. 1949 begann er sein Studium an der Akademie für Bildende Künste in München und wurde in die Klasse von Professor Hermann Kaspar aufgenommen.

Ein Stipendium für einen einjährigen Aufenthalt in Rom war für ihn außerordentlich wichtig, denn hier konnte er die italienische Malerei und Architektur der Renaissance und des Barock studieren, nachdem ihn in München die altdeutschen Meister und die Niederländer in der Pinakothek begeistert hatten. Aquarelle hielten italienische Landschaften und Städte fest. Zu einem längeren Rom-Aufenthalt kehrte er 1992 als Ehrengast des Quartiers der deutschen Künstler-Stipendiaten, der Villa Massimo, zurück.

Als Meisterschüler von Professor Kaspar ging es 1956 wieder nach München. Zwei Jahre später verließ er die Akademie und seinen Lehrer mit dem Diplom. Der Meister vieler Techniken bildete ab 1959 als Dozent an der Werkkunstschule Würzburg Schüler und Schülerinnen aus. Zur gleichen Zeit gründete er seine Familie.

Wolfgang Lenz wagte es 1971, freiberuflich tätig zu werden, was ihn von Stundenplänen, pädagogischen Überlegungen und einer Hierarchie befreite, ihn aber auch abhängig von Auftraggebern machte, die ihre Vorstellungen einbrachten. Überzeugungskraft und gute Argumente waren nötig, den eigenen Stil durchzuhalten. Der bedeutende Maler des „Phantastischen Realismus" gab sich keinen Tagträumereien, Exotismen und Unbewusstem hin, sondern kontrollierte seine Arbeiten, verfremdete zwar, verlor sich aber nie im Nebel.

Während Aquarelle, Gouachen und Tafelbilder im Privatbesitz nur wenigen Besitzern und deren Freundeskreis zugänglich waren, gab es auch öffentliche Aufträge, deren Ergebnisse einem größeren Publikum bekannt wurden. Das beste Beispiel ist die „Laube", die 1975 im wiedererrichteten Ratskeller ausgemalt wurde. Schon die Farben und die Komposition frappieren, zart und heiter sind sie, so anders als die früheren Fresken mit ihrer Bier- und Weinseligkeit. Die gemalten Vorhänge möchte man zurückziehen, den Nikolaus oder das Lebkuchenherz aufessen.

Für die Aufführung des „Don Giovanni", die während des Mozartfestes 1973 im Stadttheater Würzburg aufgeführt wurde, und für Mozarts „Die Gärtnerin aus Liebe" 1975 entwarf Wolfgang Lenz die Bühnenbilder und die Kostüme.

Im hessischen Staatstheater Wiesbaden schuf er den Schmuckvorhang und stellte die Deckenmalerei über dem Zuschauerraum wieder her.

Wie in Wiesbaden, waren auch an anderen Plätzen seine Werke gesucht. So vertraute man ihm 1981 das Hochaltarbild der Asamkirche in Straubing an, die Deckenmalereien der Aschaffenburger Sandkirche 1986 und 1997 die Malereien im „Café Principal" im Prinzregententheater in München. Ein Auftrag, der ihn acht Jahre lang in Atem hielt und erst im Sommer 1986 vollendet werden konnte, war die Rekonstruktion und Ergänzung des Spiegelkabinetts der Würzburger Residenz anhand von Fotos und wenigen Scherben. Dieses ehemalige Spielzimmer des fürstbischöflichen Hofes ist heute einer der Magneten beim Rundgang.

Ein weiteres großes Werk in der Stadt, bei Führungen und Stadtratssitzungen frei zugänglich, ist der großflächige „Bilderbogen" im neuen Ratssaal des Rathaus-Südflügels. Der Betrachter erblickt Glückszeiten und Niederlagen der Stadt, Männer und Frauen, die hier gewirkt haben, über 1300 Jahre Geschichte einer Stadt, die vieles erlebt hat.

Wer weder die Residenz noch den Ratssaal aufsuchen will, der kann Werke von Wolfgang Lenz auch in der Stadt sehen, so an seinem ersten Wohnhaus in Heidingsfeld (Katzenbergweg 11) oder an seinem jetzigen (Winterleitenweg 8), er kann am Schwanenhof nachsehen, im Kaufhaus Breuninger oder bei der „Main-Post" auf dem Heuchelhof. Alle Arbeiten tragen seine unverwechselbare Handschrift, die Weinstube in Castell ebenso wie die Weinstube der bayerischen Landesvertretung in Berlin, geschaffen 1999, der Pavillon im Garten des Juliusspitals und auch der 2004 geschaffene Sitzungssaal der Gemeinde Estenfeld.

In zahlreichen Ausstellungen waren seine Grafiken und Entwürfe, Aquarelle und Gouachen zu sehen. Einzelausstellungen gab es nicht nur in Würzburg, sondern auch in den Partnerstädten Caen und Otsu, in Bamberg, Nürnberg, Frankfurt, Hannover, Oldenburg, Pommersfelden, Schweinfurt, Bonn und Brighton.

1958 stellte das Goethe-Institut in Rom seine Grafik aus. Die Blätter gingen anschließend auf Rundreise nach Bologna, Genua, Mailand, Neapel, Padua, Bari, Palermo, Turin, Trient, Triest und Verona. Die nächste Ausstellung, zum 80. Geburtstag zusammengetragen, ist vom 6. März bis 28. April 2005 in der ehemaligen Städtischen Galerie zu sehen.

Ergreifend und bedrückend war für mich sein „Würzburger Totentanz" zum 16. März 1945, 1970 gemalt und im Mainfränkischen Museum ausgestellt. Die grinsenden Totenschädel über den barocken, faltenreichen Gewändern auf der alten Mainbrücke vor den hohläugigen Ruinen sind Albtraum und Warnung zugleich. Aber die Farbenpracht der lenz'schen Palette, die man aufsuchen und besehen sollte, zeigt einen positiven Künstler. Seine Schaffenskraft soll uns noch lang erhalten bleiben.

Werner Dettelbacher

Biographie Wolfgang Lenz

1925	geboren in Würzburg, zusammen mit Zwillingsschwester Hildegard
1943 - 45	Kriegsdienst
1947 - 49	Malerlehre
1949 - 58	Studium an der Akademie der Bildenden Künste in München, Klasse Prof. Hermann Kaspar
1955 - 56	Romstipendium mit einjährigem Studienaufenthalt in Rom
ab 1956	Meisterschüler in München
1958	Diplom der Akademie München
1963	Heirat mit Hella Seibel
1965	Geburt von Tochter Barbara
1959 - 71	Lehrtätigkeit an der Werkkunstschule Würzburg
1971	als freiberuflicher Maler tätig in Würzburg
1971 - 73	Ausmalung der „Laube" im Ratskeller Würzburg
1973	Bühnenbild und Kostüme zu Mozarts „Don Giovanni", Mozartfest, Stadttheater Würzburg
1975	Bühnenbild und Kostüme zu Mozarts „Die Gärtnerin aus Liebe", Mozartfest, Stadttheater Würzburg
1977 - 78	Staatstheater Wiesbaden: Entwurf und Ausführung des neuen Schmuckvorhanges für die Bühne Wiederherstellung der ehem. Deckenmalerei im Zuschauerraum
1981	Hochaltarbild für die Asamkirche in Straubing
1982	Bühnenbild zu Telemanns „Pimpinone" für die Bayerische Kammeroper Veitshöchheim
1982	Ausmalung „Café Mozart" in Würzburg
1983	sechswöchiger Japanaufenthalt in Otsú im Rahmen eines Künsteraustausches
1986	Deckenausmalung der Sandkirche Aschaffenburg
1978 - 86	Rekonstruktion und Ergänzung aller Hinterglasmalereien des Spiegelzimmers der Residenz Würzburg
1984 - 87	Ausmalung des großen Plenarsaales im Rathaus Würzburg
1997	Ausmalung „Café Prinzipal" im Prinzregententheater München
1998 - 99	Ausmalung der fränkischen Weinstube in der Vertretung Bayerns beim Bund in Berlin
2000	Ausmalung des Gartenpavillons im Juliusspital Würzburg
2004	Ausmalung des Sitzungssaales der Gemeinde Estenfeld

Auszeichnungen:

1975	Verleihung des Bundesverdienstkreuzes
1977	Kulturpreis der Stadt Würzburg
1989	Verleihung des Bayerischen Verdienstordens
1990	Kulturpreis der Bayerischen Landesstiftung
1992	Ehrengastaufenthalt in der Deutschen Akademie „Villa Massimo" in Rom
1998	Verleihung der Auszeichnung „Pro Meritis" des Bayerischen Kultusministeriums

Die Stadt in der Zeit von 1495, 1979

Die Stadt von Westen aus, 1987

Blick zur Alten Universität und St. Michael, 1987

Polizeiwache, 1987

Tor in der Stadtmauer, 1987

Stadtmauer mit Festung, 1987

Schottenkirche, 1987

Leistengrund und Festung, 1980

Festung, 1980

Festungswall, 1987

Neutor mit Brücke, 1987

Auf der Festung, 1982

Würzburg von der Schottenkirche aus, 1986

Festung von der "Neuen Welt" aus, 1980

Gartenpavillon am Käppele, 1990

Vom Käppele zur Festung, 1990

Das Käppele mit Gärtnerei, 1990

Über die Stadt, 1987

Die Stadt von Westen aus, 1987

St. Stefan und Neubaukirche, 1987

Neumünster und Marienkapelle, 1993

„Alter Kranen" nach dem Krieg, 1987

Alter Kranen, 1993

Am Alten Kranen, 1979

Bohnesmühlgasse, 1982

Viehhof, 1983

In Heidingsfeld, 1980

Dom und Neumünster, 1995

Die Stadt von Osten, 1987

Mainbrücke von oben, 1987

Deutschhauskirche und Schottenkirche, 1987

Alte Mainbrücke, 1987

St. Burkard, 1987

St. Burkard mit Pfarrgarten, 1995

Alte Burkarder Straße, 1987

Würzburg von Norden aus, 1987

Stadt mit Festung, 1987

Kirche St. Michael, 1995

An der Residenz, 1987

Oberzell und Main, 1987

Die Kirche von Oberzell, 1987

Himmelspforten, 1987

Festung Marienberg, 1987

Würzburger Capriccio, 1990

Impressum

CIP-Kurztitelaufnahme der Deutschen Bibliothek

Wolfgang Lenz: Würzburg
Würzburg: Verlag Ferdinand Schöningh, 2005

ISBN 3-87717-708-5

© Verlag Ferdinand Schöningh, Würzburg
Alle Rechte vorbehalten

Satz und Druck: Weigang Media, Ebern

Bildnachweis „Nach 50 Jahren Schlaf" (Seite 6)
Martin von Wagner Museum der Universität Würzburg